La traductrice de cet ouvrage, Dr Mary Sterling, docteur en Ontologie et Psychologie, est la Fondatrice-Leader du Centre UNITÉ UNIVERSELLE, 22, rue de Douai, 75009 Paris (Tél. : (1) 48-74-70-89).

UNITÉ UNIVERSELLE publie chaque mois une revue.

Le Dr Sterling reçoit sur rendez-vous (se renseigner au Centre).

Vous serez les bienvenus à la Salle de Lecture du Centre, du lundi au samedi inclus, de 14 h 30 à 17 h 30.

Du même auteur, dans la même collection :

GUÉRIR PAR LA TRANSFORMATION DE VOTRE PENSÉE

Format 11 × 17,5 ; 192 pages.

Ce livre répond à un véritable besoin.

A travers le monde moderne, des millions d'hommes et de femmes, d'appartenances sociale, intellectuelle et spirituelle diverses, s'éveillent au vu des extraordinaires résultats obtenus par l'application des lois mentales et spirituelles, restées trop longtemps étouffées.

Nos maladies actuelles, tant physiques que mentales, bien qu'assorties de noms scientifiques dérivés de notre terminologie médicale, existaient déjà au temps de la Bible. Jésus les guérissait par la seule puissance de la « Présence Curative Universelle ». Pourquoi ne pas vous servir, vous aussi, de cette « Science de la Vie » ? Ce livre a justement pour but de vous apprendre comment vous pouvez appliquer vous-même, dès aujourd'hui, ce grand principe de guérison dont se servirent Élie, Paul, Moïse et Jésus il y a bientôt 2 000 ans.

Tous les éléments vous sont ici fournis. Servez-vous en, et votre vie s'en trouvera transformée !

Puissance de la méditation

(Quiet Moments with God)

Nouvelle édition de
Dans le silence

DU MÊME AUTEUR
(Même Éditeur)

La magie de la foi.
Les miracles de votre esprit.
Renaître, vers l'épanouissement, l'équilibre et le bonheur.
Comment attirer l'argent.
Guérir par la transformation de votre pensée.
La prière guérit.
L'énergie cosmique, cette puissance qui est en vous.
L'impossible est possible !
La dynamique du bonheur.
La paix est en vous.

JOSEPH MURPHY

Ph. D.-L.L.D.

Puissance de la méditation

(Dans le silence)

Traduit de l'anglais
par
Dr Mary Sterling

53e mille

ÉDITIONS DANGLES
18, rue Lavoisier
45800 St-JEAN-DE-BRAYE

A Mary et Robert Sterling

ISSN 0247-882 X

ISBN 2-7033-0176-6

Préface à l'édition française

LE leitmotiv de ce livre est : Je suis en Paix. N'est-ce point de paix dont le monde a faim et soif ?

L'auteur de cet ouvrage, le Dr Joseph Murphy est un psychologue réputé. Il a fait l'année dernière une tournée mondiale de conférences et ses livres sont fort appréciés. En France il est très estimé pour ses deux livres remarquables : « Les Miracles de votre Esprit » et « La Magie de la Foi » qui ouvrent de vastes horizons à ceux qui cherchent à se mieux connaître pour mieux s'exprimer.

Les Etudiants en métaphysique seront enchantés de trouver dans le présent ouvrage des « modèles » pour la méditation et la prise de conscience silencieuse — la plus efficace — de la Puissance qui les habite. Ils ne s'étonneront point des répétitions indispensables pour im-

pressionner la conscience profonde. Ils apprécieront à juste titre la concision et la brièveté des phrases et des méditations elles-mêmes qui évitent la fatigue et permettent la concentration. Enfin ils en goûteront la simplicité extrême qui est un gage de puissance, car « si vous ne devenez comme un de ces petits, vous n'entrerez pas dans le Royaume de mon Père. »

Comme tout livre de métaphysique il faut lire celui-ci lentement *et avec les yeux du cœur, c'est-à-dire qu'il faut* ressentir profondément *toutes les Vérités qu'il contient. Lu et médité de cette manière il sera une constante bénédiction.*

M. S.

Interprétation condensée du 23e psaume

L'Éternel est mon berger, je chante le chant de la jubilation de l'âme, car j'ai choisi Dieu pour berger. L'Intelligence divine me gouverne et me guide en toutes choses. Je ne manquerai ni de paix, ni d'harmonie, ni de direction, car la Sagesse de Dieu me guide en toute chose. Je me repose en de verts pâturages, car Dieu m'enrichit au-delà de mes rêves les plus audacieux. Je suis au bord des eaux tranquilles, je revendique l'Infinie Paix de Dieu et elle inonde mon esprit et mon cœur. Mes sentiments, (les eaux) sont tranquilles et calmes. Mon esprit aussi est calmé, il reflète les vérités célestes et la lumière — et mon âme est restaurée.

Tout au long des jours je pense à la Sainte Présence de Dieu en moi-même et par l'attention et l'amour que je donne aux Éternelles Vérités, je marche dans le sentier de la justice. Je sais qu'il n'y a point de mort et ne crains point de mal. Je sais que « Dieu ne nous a pas donné un esprit de crainte, mais d'amour et de puissance, et un esprit sain. » Le bâton de Dieu (l'Amour) et Sa houlette (la Vérité) me réconfortent, me soutiennent et me nourrissent. La table du banquet de Dieu est toujours dressée devant moi ; c'est le Lieu Secret du Très-Haut, dans lequel, en ma pensée, je marche et m'entretiens avec Dieu. J'aborde les Vérités nourrissantes de Dieu chaque fois que la peur et les soucis (mes ennemis) m'assaillent.

Le pain que je mange est pétri des idées divines de paix, d'amour et de foi en tout ce qui est bon. La chair que je mange est l'Omnipotence de Dieu ; le vin que je bois l'essence de la joie. La Sagesse de Dieu oint mon intellect. Elle est une lampe qui éclaire mes pieds, une lumière sur mon chemin. Ma coupe (le cœur) est vraiment la chambre secrète de la Sainte Présence de Dieu ; elle déborde d'amour et de joie. Mentalement, je demeure dans la bonté, la vérité, la beauté ; c'est la maison de Dieu.

Interprétation condensée du 91e psaume

Je demeure dans le lieu secret tandis que je contemple Dieu et Sa Gloire en moi-même. Je demeure à jamais à l'ombre car je sais que l'Amour de Dieu m'entoure et m'enveloppe et qu'ainsi ma route est droite, belle et joyeuse. L'Éternel, la Puissance Spirituelle , est souverain et suprême, la seule Puissance. Cette Puissance répond à ma pensée ; elle est donc mon refuge et ma forteresse. Cette Puissance Spirituelle inspire, guérit, fortifie et restaure mon esprit et mon corps. Elle est Dieu. Elle est toute bienveillance et je Lui fais entièrement confiance. Elle me répond en me témoignant miséricorde, inspiration et beauté. Cette divine Puissance me recouvre des plumes de Son Amour, de Sa Lumière et de Sa Paix. Gloire à Elle !

Je rejette complètement les pensées

négatives du monde (la flèche qui vole le jour) et l'Amour de Dieu dissout tous les prototypes de peur dans mon subconscient (les terreurs de la nuit). Je sais qu'entre les mains invisibles de Dieu je suis en sécurité ; je vibre à l'unisson de l'esprit de Dieu et tout est bien. Je suis entièrement libéré de la crainte des accidents ou de toute force hostile (la peste qui marche dans les ténèbres), parce que je sais que je suis immunisé étant tout plein de Dieu. J'ai reçu le Divin Anti-Corps — la Présence de Dieu en mon cœur. Les milliers de pensées et de suggestions négatives sont consciemment et subconsciemment détruites car Dieu marche et s'entretient avec moi et je vis dans la joyeuse attente du meilleur. (Aucun mal ne t'atteindra). Dieu et Ses Saints Anges (Ses idées, Ses impulsions, Son intuition et Sa direction) ont tout pouvoir sur moi et je suis protégé dans toutes mes activités, dans ma santé ; je m'exprime parfaitement et je suis entouré d'amitié et de compagnonnage divins. En contemplant la Présence de Dieu, je marche sur le lion et sur l'aspic (les obstacles et les complexes de toute nature). Mon salut (la solution de mes problèmes) m'est révélé tandis que mon esprit se fixe sur Dieu et sur Son Ciel ; c'est alors que toutes les Forces divines s'empressent de concourir à mon éternelle joie.

Réalisation de la guérison

Les dons de Dieu sont miens dès maintenant. Nous sommes assemblés dans la Présence de Dieu qui dispense toutes les bénédictions. Je me sers de chaque moment de la journée pour glorifier Dieu. Son harmonie, Sa paix, Son abondance sont miennes dès à présent. L'Amour que je rayonne bénit tous ceux qui m'entourent. L'Amour de Dieu est ressenti par tous ceux qui sont ici présents et les guérit instantanément.

Je ne crains aucun mal car Dieu est avec moi et je suis entouré sans cesse par le cercle sacré de Son Amour et de Sa Puissance. J'affirme, je sens, je sais et je crois définitivement que la magie de l'Amour et de la Protection Eternelle de Dieu guide, guérit et protège tous les membres de ma famille et tous mes bien-aimés.

Je pardonne à tous et j'irradie de tout mon cœur l'Amour de Dieu, Sa Paix et sa Bonne-Volonté envers tous les hommes. Au centre de mon être se trouve la Paix ; la Paix de Dieu. En ce silence je sens Sa force, Sa direction et l'Amour de Sa Sainte Présence. Je suis divinement guidé en toutes choses. Je suis le canal de l'Amour, de la Lumière, de la Vérité et de la Beauté de Dieu. Je sens la Puissance de Sa Paix couler en moi. Je sais que tous mes problèmes sont dissous dans l'Entendement de Dieu. Les Voies de Dieu sont mes voies. Les paroles que je viens de prononcer accomplissent ce que j'ai dit ; et je me réjouis et je rends grâces en prenant conscience de ce que mes prières sont exaucées. Il en est ainsi.

Comment pardonner

Le pardon, pour être vrai, doit venir du cœur et de l'esprit. Pardonner signifie « donner le pardon ». Donnez-vous le sentiment de l'amour et de la bonne volonté au lieu de celui de la colère, du ressentiment ou de la haine ? Votre attitude mentale gouverne votre vie. Gardez votre esprit clair, serein, calme et plein de l'attente du meilleur. Si vous éprouvez du ressentiment à l'égard d'un autre, vous lui donnez trop de pouvoir et vous vous faites mal à vous-même. Pardonner c'est changer votre pensée et la maintenir changée. Servez-vous de la technique suivante pour pardonner à autrui : Priez sincèrement pour lui en prononçant son nom. Dites : Dieu l'enrichit et Sa Paix remplit son âme ; en toutes choses il est béni et inspiré. Réjouissez-vous de ce que la loi de Dieu œuvre pour lui, à travers lui et tout autour de lui. Faites-le jusqu'à ce que votre cœur et votre esprit soient pleins d'amour, jusqu'à ce qu'il n'y ait plus de place pour le ressentiment. Vous êtes libre.

Prière en groupe pour la guérison

Nous sommes assemblés dans la Présence de Dieu.

Il n'y a qu'Un Dieu, Une Vie, Une Loi, Un Entendement et Un Père — Notre Père. Nous sommes tous frères et sœurs et avons un Père commun.

Je salue la Divinité en chaque personne présente. L'Amour de Dieu coule à travers moi vers tous ceux qui sont ici et vers tous les hommes. Je crois et je sais que le Un Infini se meut à travers tous les assistants et que tous sont positivement, définitivement, physiquement et mentalement guéris. Je sais que l'Action divine opère en chaque cellule, en chaque organe, en chaque tissu, en chaque fonction de tous ceux qui sont ici, manifestant la paix, l'harmonie et la santé.

Je crois que la Direction divine est

donnée à chacun de nous. Dieu — le Conseiller Suprême — conduit chacun de nous par des chemins de joie, par des sentiers de Paix.

Les paroles que je prononce accompliront ce que je souhaite, exécuteront mes desseins. Je m'en réjouis et je me répands en louanges, car je sais que la prière de ma foi est exaucée.

Sois tranquille et sache que je suis Dieu

Je calme les rouages de mon esprit et je pense à Dieu et à Son Amour. A présent je suis le maître absolu de mes sentiments et je suis parfaitement calme. Mon esprit est maintenant en paix, il reflète les Vérités Sublimes et la Lumière de Dieu. La Sagesse de Dieu s'élève vers la surface de mon esprit tandis que je suis calme et tranquille ; elle me révèle le plan divin et me montre ma voie.

Tout au long du jour mon attention pleine d'amour est fixée sur des vérités éternelles de Dieu. J'affirme constamment que la Sagesse de Dieu, Sa Vérité et Sa Beauté me gouvernent et me guident dans tous les aspects de ma vie.

Le bâton de Dieu (l'Amour) et Sa houlette (la Vérité) me soutiennent, me nourrissent et me fortifient dans toutes mes entreprises. Chaque fois qu'apparaît la peur, je me tourne immédiatement vers la Sainte Présence de Dieu et je me réjouis de cette Vérité : « Dieu ne m'a point donné un esprit de crainte, mais d'Amour et de Puissance et un esprit sain. » Je mange le pain du ciel, pétri de paix, d'harmonie et de foi en Dieu. Et je dis, « Seigneur, donne-nous à jamais de ce pain. »

Conduire en Paix

CETTE voiture est à Dieu. C'est une idée de Dieu et elle se déplace librement, joyeusement et dans l'amour. La Sagesse de Dieu dirige cette voiture où qu'elle aille. L'ordre de Dieu, Sa symétrie et Sa beauté gouvernent le mécanisme de cette automobile à tout instant. La Sainte Présence de Dieu bénit cette voiture et tous ses occupants. Le conducteur est un envoyé de Dieu ; il est plein d'amour et de bonne volonté envers tous. La paix de Dieu, Sa vérité, Sa compréhension le gouvernent sans cesse ; Dieu inspire toutes ses décisions et le conduit par des routes parfaites, droites et belles. L'Esprit du Seigneur-Dieu est sur le conducteur et il s'ensuit que toutes les routes sont celles de Dieu

Interprétation du 23e psaume par un marin

L'Éternel est mon Pilote ; je ne vais point à la dérive. Il m'éclaire au travers des sombres eaux ; il me barre dans les courants profonds. Il tient mon livre de bord. L'étoile de la Sainteté me guide à cause de Son nom. Même si je vogue au milieu des orages, des tempêtes de la vie, je ne craindrai aucun danger, car Tu es avec moi. Ton amour et Ta sollicitude me protègent. Tu prépares un hâvre devant moi dans l'éternité. Tu oins les vagues d'huile et mon bateau avance dans le calme. Jour et nuit mon voyage est béni ; j'avance vers le port de mon Dieu et j'y demeurerai à jamais. »

Composé par J. Rogers, capitaine de la Marine marchande Américaine, pendant la deuxième guerre mondiale, édité par Navy Chapelains Bulletin, Washington, D. C.

Le Chemin du Roi

Nous irons par les chemins du Roi, nous ne tournerons ni à droite ni à gauche. »

Mon chemin est le chemin de Dieu et tous ses chemins sont pleins d'agréments, toutes ses voies paisibles. Je voyage sous la direction de Dieu, conduit par le Saint Esprit. Mon chemin est la Voie Royale des Anciens, la voie modérée du Bouddha, la porte étroite de Jésus. Mon chemin est le Chemin du Roi car je règne sur toutes mes pensées, sur tous mes sentiments, toutes mes émotions.

J'envoie devant moi mes messagers qui ont nom, Amour de Dieu, Paix, Lumière et Beauté pour qu'ils préparent un chemin droit, joyeux, heureux et beau devant moi. Je ne voyage que par ce chemin royal, rencontrant les messagers de Dieu, la paix, la joie, où que j'aille. J'avance vers la montagne, sachant que tant que mes yeux demeurent fixés sur Dieu, il n'y a point de mal sur ma route.

Que je conduise une voiture, que je voyage en train, en autobus, en avion ou à pied, la protection de Dieu m'entoure. C'est l'invisible Armure de Dieu et j'avance librement, joyeusement, irradiant l'amour. L'Esprit du Seigneur, mon Dieu, est sur moi, il fait de tous les chemins le Chemin de mon Dieu.

Prière pour le voyage

« L'ÉTERNEL, c'est Lui qui te précède. » Mon état d'esprit demeure fixé sur la foi et la confiance en ce que la Sagesse et la Puissance de Dieu règnent, me guident et me gouvernent en tous lieux. Ma conviction de la présence de Dieu est puissante et l'atmosphère spirituelle dans laquelle je demeure me précède et prépare devant moi un chemin joyeux et beau. Que je voyage en train, en avion, en automobile ou de quelque façon que ce soit, L'Amour de Dieu et Son Intelligence dirigent mon voyage. Tous les chemins de ma vie sont protégés de Dieu, de sorte que, dans le ciel comme sur la terre, sa Voie pour moi y est tracée.

La vue Parfaite

Mes yeux sont les yeux de Dieu et je vois parfaitement. L'Intelligence divine qui créa mes yeux dirige les processus et le fonctionnement de mes yeux et de mon corps tout entier. Je sais et je crois que ma vision est spirituelle, éternelle et indestructible. « Si donc ton œil est sain, tout ton corps sera plein de Lumière. » Ceci veut dire que je ne dois voir que la Vérité, n'aimer que la Vérité, ne connaître que la Vérité en tous les hommes et en toutes choses. Je vois spirituellement, mentalement et physiquement. Mes yeux reflètent la gloire, la beauté et la perfection de Dieu. C'est Dieu qui regarde à travers mes yeux, voyant la manifestation de Ses propres idées. Mes yeux sont les fenêtres de mon âme, ils sont purs et uniquement fixés à chaque instant sur l'Amour, la Vérité et la Beauté. La Puissance du Saint Esprit inonde chaque atome, chaque cellule, chaque nerf, chaque muscle de mes yeux, leur donnant la force et la vitalité, la pureté et la perfection. Le Dessein de la perfection divine se manifeste à présent dans mes yeux et chacun de leurs atomes, de leurs cellules se conforment au modèle de Dieu. Gloire à Dieu.

Sa Sainte Présence

Je suis Dieu et il n'y a point de Dieu à part moi. Je ne suis tributaire ni du temps ni de l'espace. Je ne suis lié par aucun nom, par aucune forme. Je suis partout présent. Je suis ton Seigneur et ton Dieu de multitudes innombrables. Je suis dans le Saint des Saints, dans le Cœur du Vrai Temple sur la Montagne Sainte. Je communie avec Dieu. Son Amour et Sa Lumière coulent à travers moi et je suis inondé par la clarté de la Lumière Infinie. Je suis soulevé et inspiré ; je me dilate dans le sein du Père. Le doux parfum de Dieu pénètre mon cœur qui bat au rythme de Dieu. Je mets ma foi dans la divine Présence et dans la Perfection de Celui qui EST. Mon être supérieur est Dieu. Il se révèle à moi ; j'entends la voix intérieure. Elle m'illumine, m'inspire et me ravit ; de temps en temps j'entre dans l'extase de Sa Sainte Omniprésence. A présent je sais que je suis le fils du Dieu vivant. Je suis Esprit divin — enfant de Dieu ; en Lui je vis, j'ai le mouvement et l'être. Je sais que Dieu médite et que je suis Sa méditation.

Le baume guérisseur de l'Amour

« C'est à ceci que l'on connaîtra que vous êtes mes disciples : vous vous aimerez les uns les autres. » Dieu est l'Amant Absolu ; il s'ensuit donc que Sa Réponse précède notre appel. L'Amour de Dieu coule à travers moi et je suis entouré de Sa paix ; tout est bien. L'Amour divin m'entoure, m'enveloppe, me circonscrit. Cet amour infini est inscrit en mon cœur et au profond de mon être. J'irradie l'amour en pensée, en paroles et en actions. L'Amour unifie, harmonise tous les pouvoirs, tous les attributs et toutes les qualités de Dieu qui est en moi. L'Amour signifie joie, paix, liberté, félicité et louange. L'Amour est synonyme de liberté, il ouvre la porte des prisons et délivre tous les captifs. J'irradie l'Amour envers tous, car chacun représente l'Amour de Dieu. Je salue la Divinité en autrui. Je sais et je crois que l'Amour divin me guérit. L'Amour est le principe qui me dirige, il me donne avec autrui des rapports harmonieux et parfaits. Dieu est Amour. « Celui qui demeure en l'Amour demeure en Dieu et Dieu demeure en lui. »

La Puissance de Dieu

DIEU est la Seule Présence et la seule Puissance et je Lui suis uni. La force de Dieu est ma force ; Son Intelligence inonde mon esprit. Cette nouvelle conscience me donne la domination sur tous les aspects de ma vie. Je suis uni à jamais à l'Unique Entendement Universel. Sa sagesse, Sa puissance et Sa gloire coulent à travers moi. Je sais que l'énergie et la puissance de Dieu imprègnent chaque atome, chaque tissu, chaque muscle et chaque os de mon corps, le rendant parfait. Dieu est vie et cette Vie est ma vie. Ma foi est renouvelée ; ma vitalité rétablie. Dieu marche à mes côtés et me parle. Il est mon Dieu ; je ne fais qu'un avec Lui. La vérité est mon bouclier et ma cuirasse ; je m'en réjouis. J'ai asile sous Ses ailes, je demeure dans le lieu secret du Très-Haut à l'ombre du Tout-Puissant.

La Paix de Dieu

« DANS quelque maison que vous entriez, dites d'abord, la paix soit dans cette demeure. » Mon esprit est inondé de la Vie, de l'Amour et de la Vérité de Dieu. Chaque fois que mon attention se détourne de Dieu, je la ramène à la contemplation de Sa Sainte Présence. J'entre dans ma Chambre Secrète — ma propre conscience. Je suis au Ciel ; parfaitement détendu, calme, serein, équilibré. « La paix soit dans tes murs, la prospérité dans tes palais. A cause de mes frères et de mes compagnons je dirai, la Paix soit en toi. » Je vis dans la maison de l'Eternel, mon Dieu et je ne recherche que le bien. Je vis dans Son Royaume. Je sens, j'ai conscience de la divine atmosphère de paix, d'amour, et de joie. J'attise en moi-même le don de Dieu. Je sais que moi et mon Père nous sommes un ; je sens et j'ai conscience de cette réalité ; Sa Vie coule à travers moi. Je sais que dans Son Ciel où je vis, où j'ai le mouvement et l'être, toutes mes prières sont exaucées. Je suis en paix ; La Colombe de l'Amour a murmuré à mon oreille, « La Paix, sois tranquille ! ».

Ma Paix intérieure

MON esprit est calme et en paix ; je reflète la sagesse et la beauté Suprêmes. L'esprit de Dieu coule à travers mes pensées, mes paroles et mes actes ; je suis en paix. La paix qui passe tout entendement me remplit. Je sens et j'ai conscience de la sécurité et de la tranquillité de mon esprit qui est à l'unisson de l'Infini. Je me repose dans les Bras Eternels. Ma vie est la vie de Dieu et elle est parfaite. Je suis uni à mon Père et mon Père est Dieu. Je suis parfaitement détendu et équilibré. Mon esprit est l'esprit de Dieu et il est parfait. Les idées de Dieu s'épanouissent constamment en moi, m'apportant l'harmonie, la santé et la paix. Je prends ma force dans la connaisance que Dieu est et que tout est Dieu. J'irradie l'amour de Dieu. L'amour est l'accomplissement de la loi et je suis ce que je contemple.

Détente

Je me détends complètement. Je suis en paix. La paix qui passe tout entendement remplit mon esprit. La paix est dans mon foyer, dans mon cœur et dans toutes mes affaires. Je m'abandonne complètement parce que je sais qu'il y a une Puissance qui me répond tandis que je parle. Cette Puissance coule à travers moi ; elle vitalise chaque atome de mon être. J'irradie la bonne volonté à l'humanité toute entière. Mes pensées sont les pensées de Dieu, et la puissance de Dieu est dans toutes mes bonnes pensées. « Sois tranquille et sache que je suis Dieu ». Je suis tranquille et calme car je prends conscience, je sais, que la seule Présence et la seule Puissance m'habite. Elle coule à travers moi ; je suis en paix et tout est bien. La paix, sois tranquille. Je vois la vérité ; je l'aime, je la connais. Je sais que ma force est dans la paix et dans la confiance. La Vie de Dieu, Son Amour, Sa Vérité coulent à travers moi et je rends grâces de ce que « Tout est accompli ».

Équilibre

MON esprit est plein de paix, d'aplomb, d'équilibre, de pondération. Une profonde sérénité est en moi. Je suis calme, je suis tout rempli d'un sentiment de paix et de divine justice. Je sais qu'il y a, pour chacun de mes problèmes une solution divine ; j'en rends grâces. Je demeure dans le lieu secret du Très-Haut, à l'ombre du Tout-Puissant. Il est mon refuge et mon salut, « mon Dieu, en Lui je mets ma confiance ». Je me réjouis tandis que je reçois les idées de Dieu ; je suis en paix. Je sais que l'Intelligence infinie me guide et me dirige dans toutes mes voies. « Les fils de Dieu criaient de joie » ; je suis un fils du Dieu vivant et tout ce qu'a le Père est aussi à moi. Je connais la vérité, j'aime la vérité et je me réjouis dans la vérité. L'esprit de vérité me conduit et je pense toujours juste.

ÉQUILIBRE

Je reflète la divine sagesse et l'Intelligence divine. « Lorsque mes yeux sont fixés sur toi, il n'y a point de mal sur ma route. » Mes yeux sont sur le bien, et tout le bien est à moi dès à présent. J'entends la voix de Dieu et je suis en paix.

Réalisation Spirituelle

TOUT est Esprit et manifestation de l'Esprit. Ma vie est la vie de Dieu ; je suis parfait dès à présent. Tous mes organes sont des idées de Dieu qui me servent et me sont bénéfiques. Je suis un être spirituel ; je suis une parfaite réflection du Dieu parfait. Je sens et je sais que je suis entièrement parfait ; je suis spirituel, divin, saint. Je suis uni à mon Père et mon Père est Dieu. J'exprime l'harmonie, la paix et la joie. Mon corps et mes affaires sont gouvernés par l'Intelligence infinie, ce Principe actif, sagesse absolue et loi constante qu'on nomme Dieu. Je sais que je suis plongé dans la Sainte Omniprésence et que chaque atome, chaque tissu, chaque muscle et chaque os de mon corps est inondé de la Lumière illimitée. Mon corps est le corps de

Dieu ; je suis sain et parfait. Je suis uni à Dieu et mon esprit est rempli de la paix qui passe tout entendement ; tout est bien. Je Te rends grâces Père.

Prononcer la vérité

Je sais, je comprends que lorsque je parle, Dieu parle à travers moi. Dieu parle au moyen de l'homme. Mes paroles sont « des fruits d'or dans un cadre d'argent ». « Mes paroles sont esprit et elles sont vie. Mes paroles sont esprit et vérité. » Je connais la vérité et la vérité m'affranchit. Mes paroles sont pleines de vic, d'amour et de sentiment. Lorsque je parle, je donne à tous la joie et le bonheur. Je suis un messager de Dieu ; j'apporte à tous de bonnes nouvelles ; je parle en paix. Les idées de Dieu se développent constamment en moi et elles m'apportent l'harmonie, la joie et la paix. Je m'exprime puissamment et avec confiance. Je suis l'articulation parfaite de la vérité. Je dis la vérité, j'aime la vérité et je la connais. L'Intelligence infinie parle dès à présent à travers moi. Ce que je décrète s'accomplit. Merci, Père.

Médecine Spirituelle

« Un cœur joyeux est un bon remède, mais un esprit abattu déssèche les os. »

Je suis toujours joyeux, actif et énergique. Je partage sans cesse les idées de Dieu avec mon prochain et je lui donne la paix, la joie et le bonheur. « En Ta présence est la plénitude de la joie ; à ta droite il y a d'éternelles délices. » « La joie de l'Éternel est ma force. » Je suis toujours de bonne humeur, libre et plein de bonheur. J'ai la domination sur toutes choses de mon univers ; je sens mon unité avec Dieu, avec la vie, l'univers tout entier et avec toutes choses. Je suis parfaitement équilibré. Je médite sur tout ce qui est beau, bon, merveilleux et semblable à Dieu. La paix de Dieu est mienne et j'attise en moi-même le don de Dieu qui est la joie. Je suis un fils de Dieu vivant, et « tous les fils de Dieu criaient de joie ! ».

Ma foi me guérit

Je suis un être spirituel et je suis fidèle à Dieu, le Bien. Je n'aime que le Bien. Je suis la conscience de Dieu et je reflète Son intégrité, Son unité, Sa perfection. Je reflète la perfection de Dieu en chaque atome de mon être. Mon cœur est joyeux, ma contenance sereine. Mon corps est le corps de Dieu ; il est dès à présent parfait. J'exprime l'harmonie, la santé et la paix dans tous les aspects de ma vie. La lumière de Dieu brille à travers mes yeux ; je vois la vérité parfaitement. Ma vie est la vie de Dieu ; elle est dès maintenant parfaite. Elle coule à travers moi joyeusement, harmonieusement et paisiblement. L'Amour de Dieu surgit de mon cœur ; j'exprime la santé parfaite. Je suis plein de joie et de bonheur, plein de confiance et de foi. Ma foi est profonde, convaincu que je suis d'être sain et parfait. Dieu est l'éternel maintenant ; mon bien est à la portée de ma main. Ma foi m'a guéri.

La foi en Dieu

Jésus dit : « Ta foi t'a guéri. » Ma foi est ma conviction intime et profonde de ce que Dieu est Tout en tout. Je m'attends joyeusement au meilleur ; je sais que seul le bien peut m'arriver. « La foi est la substance des choses qu'on espère, l'évidence des choses qu'on ne voit pas. » Même si je ne puis voir ce que je souhaite, je sais que toutes choses proviennent de l'Esprit Originel qui est en moi. Je me tourne vers Dieu ; je pense à Ses qualités, à Ses attributs à tous Ses aspects et je prends conscience que toutes ces qualités sont en moi. Tandis que je contemple Sa Présence je connais la paix, l'ordre, la joie, l'amour, la perfection, la pureté, et la sainteté coule à travers mon esprit et mon corps dès à présent.

Je me réjouis en cette connaissance et j'en rends grâces. Je ressens profondément mon unité avec Dieu, avec la vie, l'univers et avec tous les hommes. Ma foi est dans la loi du bien. La justice est la puissance. Oui, le juste usage de la loi du Bien, de Dieu, est toute puissante. Je nomme ce qui n'est point comme si cela était et l'invisible devient le visible.

Votre santé

DIEU marche avec moi et me parle. Il est mon Dieu et Il est parfait. L'esprit en moi est à jamais parfait, sain, joyeux et intègre. Je reflète à présent la gloire et la beauté du Dieu parfait. La lumière de Celui qui Est à jamais brille à travers moi et tout autour de moi ; chaque atome de mon être danse au rythme de l'Eternel Dieu. Mon cœur est joyeux ; mes paroles sont comme le rayon de miel ; elles sont douces à mon âme, elles sont la santé de mes os. La lumière de Dieu brille à travers mes yeux ; l'Amour de Dieu surgit de mon cœur. Je sais que je fais toutes choses par le Christ qui me fortifie. Mon corps est le corps de Dieu ; il est dès à présent parfait. Le Moi divin en moi me donne — à l'instant même — la santé parfaite, le bonheur et l'harmonie. Dieu me garde dans la paix parfaite. « Père, je te rends grâces de ce que tu m'as entendu. Et je sais que tu m'entends toujours. »

Surmonter le doute

Je connais la vérité qui m'affranchit. Dieu est la vérité et j'exprime Dieu constamment. Je fais confiance à mes parents et à mes amis. Chacun d'eux exprime Dieu ; je vois en chacun d'eux le Christ. Je leur accorde toute liberté parce que je sais que tous appartiennent à Dieu. L'Amour divin qui est en moi m'assure que je ne recevrai d'eux que l'Amour divin. Je fais confiance à mes amis parce que je fais confiance à Dieu qui les habite. Je repousse tout sentiment d'égoïsme, tout sentiment possessif. Je sais que l'Amour divin en moi contemple l'Amour divin en mes amis. Je salue en chacun la Divinité ; je suis en paix. Je connais et je comprends la vérité de l'Être. Je ne crois qu'au bien. Il n'y a rien que Dieu et Son univers. Je suis gouverné par Dieu. Tout autour de moi sont des êtres parfaits, spirituels et divins. J'aime à collaborer avec les autres. J'aime à représenter et à exprimer les idées de Dieu ; je me réjouis de recevoir en échange d'autres idées de Dieu. Je suis plein de joie et de bonheur car je suis l'infinie joie de Dieu. Tous ceux qui m'entourent sont pour moi des frères et sœurs et je sais qu'ils sont enrichis de toutes les manières. Je suis plein de confiance et de foi.

Chasser la peur

Ma confiance en Dieu est absolue ; j'attends le meilleur ; je sais que seul le bien peut m'arriver. L'Amour divin en moi chasse toute crainte ; je suis en paix. Je vois partout la Présence de Dieu ; je suis absolument sans peur ; Dieu est toujours avec moi. Si Dieu est pour moi, qui sera contre moi ? Je sais qu'un avec Dieu est la majorité et cela me guérit et m'affranchit de tout sentiment de crainte. Seules les idées de Dieu me parviennent ; ces idées sans cesse se développent, m'apportant l'harmonie, la joie, la paix et le succès. Je suis la conscience de Dieu ; je suis entouré de l'Amour divin. En toute occasion je pense juste. La puissance de Dieu est dans mes pensées, je ne pense que le bien. L'Amour de Dieu, Sa vie et Sa vérité coulent à travers moi ; je suis plongé dans Sa

Sainte Omniprésence. Je suis toujours entouré de l'infinie paix de Dieu. Je suis plein de compréhension divine. L'Amour divin me précède et me prépare une route parfaite et pleine de joies. Dieu marche avec moi et me parle ; je sais que je suis uni à mon Père ; mon Père est Dieu. J'ai foi en Dieu et par conséquent je ne crains point. » Ne crains point petit troupeau, car c'est le bon plaisir de votre Père de vous donner le Royaume. »

Surmonter le ressentiment

Je sais que tous les hommes sont mes frères. Nous avons tous le même Père. Je vois le Christ vivant en tous ceux que je rencontre. En chacun je salue la divinité. L'Amour de Dieu coule à travers moi vers l'humanité toute entière. Je bénis tous ceux qui me critiquent. Je prie pour tous ceux qui me calomnient. Je me réjouis du succès d'autrui. Je libère chacun et je le laisse aller en paix. J'ouvre les fenêtres de mon esprit à l'influx de l'Esprit Saint. Je suis sain et parfait. Je suis en paix. L'amour de Dieu remplit mon esprit ; tout est bien. Je reflète l'Amour de Dieu ; je suis absolument plein d'amour envers tous.

Je vois Dieu partout, parce que Dieu est « au-dessus de tout et à travers tout ». Je sais que Dieu agit dans l'esprit et dans le cœur de tous. Dieu soit loué !

Surmonter la douleur

L'HOMME est un être spirituel et il vit éternellement. Il n'y a point de mort ; tout est vie. Dieu est vie et cette vie est la mienne. Je ne puis la perdre. Je ne pleure plus mes bien-aimés qui ont quitté ce plan, car je sais qu'ils vivent à jamais. Là où est Dieu il n'y a point de mal ; et Dieu est Tout en tout. Je ne suis point séparé de mes bien-aimés, puisqu'il n'y a qu'un Entendement et un Dieu. En Lui nous avons la vie, le mouvement et l'être. Nous sommes tous des expressions de l'Être unique — la seule conscience. Je suis instantanément en contact avec mes bien-aimés, car l'Esprit est Omniprésent. Chacune des idées qui me viennent est de Dieu ; ces idées reflètent Sa beauté et Sa vérité, et me remplissent de joie « Les fils de Dieu criaient de joie ». Je me réjouis de recevoir la vérité divine.

« En ta Présence se trouve la plénitude et la joie. » Seules les idées de Dieu me parviennent ainsi qu'à mes bien-aimés ; tout est bien.

Surmonter le désarroi

Je sais que toutes choses sont créées par la contemplation de soi de l'Esprit, Je suis en paix ; la paix est la puissance au cœur de Dieu. Mon vrai Moi est l'Esprit Vivant Tout-Puissant ; je suis plein de potentialités infinies. Mon Moi divin remplit mon esprit d'idées de beauté, de perfection et d'équilibre. Je possède la clé du bonheur. Je suis le temple de Dieu ; l'Esprit de Dieu demeure en moi. Je ne suis jamais désorienté parce que les idées de Dieu se présentent à moi dans un ordre parfait. Toutes les idées de Dieu me sont à chaque instant accessibles ; elles me fortifient et me guérissent. Je suis divinement inspiré ; mes seules pensées sont celles de Dieu qui sont parfaites et belles. Mon esprit est plein d'équilibre, d'aplomb et de pondération. Mon esprit est l'Esprit de Dieu. Les idées de Dieu me donnent la joie, le bonheur, la paix et l'harmonie. « En ta présence se trouve la plénitude de la joie. »

L'Amitié Véritable

J'ai trouvé mon compagnon (ou ma compagne) divin, c'est Dieu. Il est en mon cœur. Il marche avec moi, Il me parle et me dit que je suis à Lui. Je suis émerveillé. J'ai trouvé en moi-même mes amis spirituels, ils se nomment amour, joie, paix, douceur, bonté, foi, humilité et tempérance. Voilà les seuls amis qui importent. Ils constituent la Toute-Puissance de Dieu incarnée en moi. Ayant trouvé mes compagnons intérieurs, je m'attire à présent par une inéluctable loi les êtres qui me sont spirituellement proches. J'irradie l'amitié et l'amour envers la terre entière, envers toute l'humanité. J'aime et je suis aimé de tous. J'aime et je m'intéresse au bien-être et au bonheur de chacun. Je prends conscience de ce que tous les hommes sont mes frères, toutes les femmes mes sœurs. Je donne à chacun ce qu'il y a en moi de meilleur ; et les autres éprouvent du plaisir et de la joie en ma compagnie. Je m'attire à présent des amis merveilleux par la puissance de l'universelle loi d'amour ; Dieu est amour. Je me serre mentalement contre le cœur de Dieu, car Il est mon Bien-aimé.

Mon Divin Compagnon

Moi et le Père nous sommes un. Je sais que Dieu est ma vie. Je me sens en sécurité car je sais que la vie, l'amour et la vérité sont en moi. Je ne suis jamais seul ; Dieu est toujours avec moi ; « Son bâton et Sa houlette me réconfortent ». Cette présence intérieure, le Moi divin, marche avec moi et me parle. Ayant trouvé en moi-même mon compagnon éternel et véritable, je ne puis manquer d'amis. Dieu est la plénitude de toutes choses. Mon divin Ami est plus près de moi que mon souffle ; Il est plus près de moi que mes mains et mes pieds. J'irradie l'amour et l'amitié envers le monde tout entier et le monde entier me le rend. Je suis aimant ; je suis bon. J'ai un merveilleux compagnon. Ce compagnon s'unit à moi spirituellement, mentalement et de toutes les façons. C'est merveilleux ! L'amour de Dieu coule à travers mes pensées, mes paroles et mes actes. Ce qui est extérieur est semblable à ce qui est intérieur. J'ai trouvé mon Divin Compagnon en moi-même, et je le reconnais tout autour de moi.

La Règle d'Or en affaires

« Faites à autrui ce que vous voudriez qu'il vous fît. » (1)

Je sais qu'il y a une loi parfaite de l'offre et de la demande. Je mets en pratique la Règle d'Or dans toutes mes affaires. Je suis en paix. Ce que j'ai à vendre est une idée sortie de l'Entendement de Dieu. Le principe de toute connaissance est en moi et je sais instantanément tout ce que j'ai besoin de savoir. Je reconnais que tout ce que je désire acheter ou vendre représente un échange d'idées dans l'Entendement divin qui m'habite. Je sais que la satisfaction, l'harmonie et la paix sont mutuelles, pour le vendeur comme pour l'acquéreur. Le prix est juste ; tout est en ordre divin. Je connais, je comprends la vérité et je suis la conscience de Dieu en action. Toutes les idées dont j'ai be-

(1) « La Règle d'Or » en pays anglo-saxons.

soin se déroulent constamment en moi en ordre parfait, en combinaisons parfaites. Je reçois, en m'en réjouissant, les Idées divines et je les donne à mon prochain ; j'en reçois en échange des idées nouvelles. La paix est mienne à présent. Il n'y a point de retards dans l'Entendement divin, j'accepte à présent mon bien.

L'argent... idée de Dieu

Je sais que l'argent est une idée dans l'Entendement divin. Il symbolise la richesse ; je le reconnais comme étant un moyen d'échange. Toutes les idées de Dieu sont bonnes. Dieu créa toutes choses ; Il prononça bonne et très bonne Sa création. L'argent est bon ; je m'en sers avec sagesse, judicieusement et à des fins constructives ; je m'en sers pour bénir l'humanité. L'argent est un symbole très commode, je me réjouis de sa circulation. Les idées de Dieu me sont toujours accessibles ; j'ai un surplus divin. Dieu est ma provision, ma provision actuelle ; l'abondance en toute chose me parvient en avalanches. Il n'y a qu'un seul Dieu et un seul Entendement. Mon attitude vis-à-vis de l'argent est harmonieuse. L'argent est un symbole de l'opulence de Dieu, de Son abondance infinie. L'idée de l'argent est omniprésente ; je ne fais qu'un avec toutes les richesses du monde. Je ne m'en sers que pour le seul bien et je Te rends grâces Père, de ce que Tu m'approvisionnes.

La richesse m'appartient

DIEU est la source de ma richesse et je suis uni à cette Source. Tous mes besoins sont instantanément comblés à chaque instant, en tout lieu. Je suis le flux et le reflux de l'Entendement de Dieu. Je suis libre et sans crainte. Je revendique et je ressens l'esprit de prospérité. Je sers mon semblable avec joie et avec amour ; je m'attire tout le bien par l'immuable loi d'attraction. Il n'y a point de pénurie car Dieu est la source de toute chose. J'ai instantanément tout ce dont j'ai besoin, car je suis un être spirituel. Je suis gouverné et pourvu par Dieu. J'apporte tous mes vases vides (1) à l'approvisionnement Infini qui est en moi ; mon Moi divin les remplit tous et il reste un divin surplus. La loi divine répond à ma foi ; ma foi et ma confiance sont en Dieu ; elles sont bien fondées.

(1) II Rois IV : I.

Direction Divine

TOUT ce qui existe sort d'une substance unique. Nous avons tous cette substance unique en partage ; c'est le miroir dans lequel nous nous regardons. « Il est un fleuve dont les courants réjouiront la cité de Dieu. » Je suis la rivière de Dieu ; la bonté, la vérité et la beauté coulent à travers moi. Je demeure dans la cité de la paix ; cette cité c'est mon propre esprit ; tous les habitants (mes propres pensées) qui y habitent sont fils de Dieu parce qu'ils sont les idées de Dieu et la puissance de Dieu les anime. L'Intelligence infinie guide mes pensées, mes paroles et mes actes. Je suis le canal parfait de l'expression divine. Je sens, je sais et je crois que mon Moi divin illumine ma route. La Sagesse divine m'inspire, me guide, me gouverne et me dirige dans la vérité. Je suis uni à Dieu dès à présent et tout est bien. J'aime la voix de l'Unique en mon cœur ; c'est la voix de mon Père et mon Père est Dieu.

Pour réaliser mon désir

MON désir c'est la voix de Dieu qui parle en moi. C'est le murmure de mon cœur. Je sais qu'avec Dieu toutes choses sont possibles. Dieu est mon Moi profond — l'esprit sans forme, invisible qui m'habite. Puisque j'ai conscience de ce désir, je sais que sa réalisation doit exister pour moi dans l'Invisible. Je sais qu'elle est mienne dès à présent. Je l'accepte dans ma conscience. Je remets mon désir à la loi créatrice, source de toute création. Cette loi est en moi ; c'est mon propre subconscient. Je sais qu'une fois imprimé dans mon subconscient, mon désir va se réaliser. Je sais qu'il sera fait selon mon sentiment profond qui fait loi. Je sens que je suis dès à présent ce à quoi j'aspire. En contemplant mon désir je prends conscience de la joie qui va être mienne, de sa réalisation. Tout mon être en tressaille de joie. Je suis en paix ; je me réjouis et je rends grâces. « Tout est accompli. »

La Vraie place

Mon travail est parfait et je représente sans cesse les idées de Dieu. Je suis la conscience de Dieu ; mon esprit est l'Esprit de Dieu. Je suis l'activité de Dieu ; je m'exprime pleinement. Je sais que la loi de l'offre et de la demande est parfaite. Je suis instantanément en contact avec ce dont j'ai besoin. Je suis dès maintenant dans ma vraie place ; je me sers de mes talents de façon merveilleuse. Je suis divinement payé. Mon Dieu est le principe de toute connaissance ; je sais immédiatement tout ce que j'ai besoin de savoir. Je suis uni à mon Père et mon Père est Dieu. Je reflète sans cesse la gloire, l'amour et l'activité de Dieu. Je fais ce que j'aime faire. Ma place à tout moment est avec Dieu. J'avance dans la joie. Je remercie mon Père de me donner ma place parfaite. Ma vraie place est avec Dieu et je Lui suis uni. Tout est bien.

Puissance d'accomplissement

« Pour Dieu rien n'est impossible. » L'Omnipotence est en moi ; je suis uni à toute la Puissance. La parole de Dieu est Vérité. Je dis la vérité ; je me réjouis de la vérité. Je contemple Dieu ; mon esprit est centré en Lui. Je sens couler à travers moi la Toute-Puissance qui me rend sain et parfait. Je reflète la vie ; je possède toute la puissance et toute la force. La joie de l'Eternel est ma force. Je suis l'individualisation de l'infinie Puissance, de l'Amour infini de Dieu. J'exprime l'inépuisable énergie de Dieu. Tout est Esprit et la manifestation de l'Esprit. C'est à Toi, O Eternel, qu'appartiennent la grandeur, la puissance, la gloire, la victoire et la majesté. Je suis fort en l'Éternel et en Sa Puissance. L'action de Dieu se manifeste dans toutes mes affaires, c'est le principe du bien. Je sais et je crois que l'Éternel Dieu qui est en moi est le Créateur de toutes choses. Il ne me fait jamais défaut. Je reconnais cette unique Puissance et je m'unis consciemment à Elle. Je me réjouis d'avoir été créé parfait.

Puissance d'action

Je sais immédiatement tout ce que j'ai besoin de savoir, car l'Intelligence infinie me conduit et me guide constamment. Je suis la conscience de Dieu en action. J'ai une confiance absolue dans cette Puissance-Dieu qui m'habite. Les idées justes se déroulent continuellement en ordre parfait et avec une infaillible régularité en mon esprit. Je suis inspiré d'en Haut ; je monte sans cesse plus loin et plus haut. Je suis constamment avec Toi. « En ta présence se trouve la plénitude de la joie ; à ta droite des délices éternelles. » Je suis toujours joyeux. Je suis capable de réussir tout ce que j'entreprends. Ce que je conçois, je le mène à bien.

Je suis l'activité de Dieu, cette activité est toujours bonne. Je partage sans cesse avec mon prochain les idées parfaites de Dieu, lui donnant ainsi la joie et le bonheur. J'exprime et je manifeste la Lumière qui est Dieu. Je suis toujours alerte, vivant et heureux. Merci, Père !

Toujours plus haut

Il n'y a point de crainte dans l'amour. « L'Amour parfait chasse toute crainte. » Je possède à présent une compréhension profonde, intérieure qui me rend maître de toutes les circonstances de ma vie. Je domine ma vie. Je contemple la divine Présence en moi-même ; je prends conscience de ce que la Vie, l'Amour et la Joie coulent à travers moi. Mon pas résonne, une lumière nouvelle brille dans mes yeux. Je suis illuminé par la Lumière de l'Eternel. Je demeure dans Son Amour. Je suis élevé vers un plan de conscience supérieur ; je pressens les beautés et les gloires profondes de Dieu qui est en moi. Aujourd'hui je laisse l'Amour me garder dans la paix et dans l'harmonie. Je sens le rythme de l'univers ; chaque atome de mon être danse au rythme de l'Éternel Dieu. Ma vision est fixée sur la Lumière, sur l'Amour et sur la Vérité et ma perception est maintenant parfaite. Je vois Dieu partout. « Voici je viens, et je demeurerai au milieu de toi, dit l'Éternel. »

La Loi du succès

Je suis la conscience de Dieu en action. Je sais que Dieu travaille à travers moi, car Dieu travaille au moyen de l'homme. « La Loi de Dieu est parfaite. » Toute mon activité est heureuse. Mon travail est couronné de succès parce que c'est le travail de Dieu qui est divin et parfait. J'ai instantanément tout ce dont j'ai besoin parce que je suis pourvu et gouverné par Dieu. Je sais toujours comment obtenir ce dont j'ai besoin. « Mon Dieu pourvoira à tous vos besoins selon les richesses de sa gloire. » Je suis rempli de paix, d'harmonie et de joie. J'irradie l'Amour divin envers l'humanité toute entière. Je suis identifié au succès ; je m'attire, selon une loi immuable, les circonstances, les conditions, les idées, les moyens financiers et toutes les choses nécessaires au déroulement de mes projets. Je suis divinement guidé dans toutes mes voies. Dieu enrichit mon esprit et mes affaires. Il fortifie mon corps. Chaque soir je m'endors avec le sentiment du succès et du bonheur. « Dieu donne à ses bien-aimés pendant le sommeil. » Merci, Père.

L'esprit de progression

« CEUX qui L'adorent doivent L'adorer en esprit et en vérité. » Je prends conscience de ce que l'Intelligence infinie demeure en moi. Il est une bonté universelle qui est partout présente et partout active ; je suis uni à Dieu, à l'univers et à toutes choses. L'action de Dieu se manifeste en ce moment même dans toutes mes affaires. Je suis béni dans mon esprit, dans mon corps et dans mes affaires. Je comprends que la loi de la vie est une loi de progression et je m'éveille spirituellement. Je suis à l'unisson de l'infini et Dieu est mon associé. Le succès est mien dès à présent car je m'identifie à lui et à la prospérité. Je me réjouis de l'épanouissement d'autrui. L'esprit de bonne volonté coule à travers moi envers toute l'humanité. Je suis plein de confiance et de paix. Je suis illuminé par la Lumière qui est en moi. L'Entendement divin est pour mes pieds une lampe et je repose entre les bras éternels.

Table des matières

La composition et l'impression
de cet ouvrage ont été réalisées
par l'Imprimerie CLERC
18200 SAINT-AMAND - Tél. : 48-96-41-50
pour le compte des ÉDITIONS DANGLES
18, rue Lavoisier - 45800 SAINT-JEAN-DE-BRAYE

Dépôt légal Éditeur n° 1239 - Imprimeur n° 3386

Achevé d'imprimer en Juin 1986

Du même auteur :

L'IMPOSSIBLE EST POSSIBLE !

la maîtrise de votre puissance créatrice

Format 15 x 21 ; 208 pages ;
collection « La Science de l'Être ».

Votre esprit est tel un jardin dans lequel vous semez des pensées, impressions, connaissances et croyances. Tout ce que vous gravez dans votre subconscient se manifeste dans la réalité concrète ; c'est une LOI UNIVERSELLE. L'homme s'en prend constamment aux conditions, événements et circonstances, plutôt que de regarder en lui-même et de comprendre ainsi qu'IL DEVIENT (ou qu'il lui arrive) CE QU'IL PENSE tout au long du jour. Votre santé, votre bonheur et votre prospérité dépendent, non point des événements extérieurs ni des actes des autres, mais uniquement de la façon dont vous PENSEZ et SENTEZ.
Quand l'homme découvre sa source et son essence véritables, lorsqu'il s'accorde pleinement à l'Infini Créateur, en même temps qu'il rejette les fausses croyances, les erreurs et les superstitions, il devient le véritable maître de son univers et de son chemin de vie.
Ce nouveau livre du Dr Murphy vous conduira vers l'**harmonie totale avec l'Univers,** sur la voie d'une véritable renaissance spirituelle, vers la prise de conscience de votre puissance créatrice intérieure, hors des limitations, des angoisses et de l'ignorance, pour faire de vous un être NOUVEAU, EFFICACE ET TRIOMPHANT.
VIVEZ DANS L'ACCOMPLISSEMENT DE TOUTES VOS ASPIRATIONS PROFONDES !
« Toutes choses sont prêtes si l'esprit est prêt. » (Shakespeare)

Du même auteur :

LA DYNAMIQUE DU BONHEUR

le succès, l'harmonie et l'épanouissement par la pensée positive

Format 15 × 21 ; 208 pages ;
collection « La Science de l'Être ».

La pensée est matière vivante et créatrice. Une attitude mentale positive, une conviction intime et vraie se concrétisent toujours. Tout ce que nous imprimons avec force dans notre subconscient trouve son expression dans la réalité concrète. Ce que vous désirez existe déjà potentiellement en vous, sous forme d'idées, de pensées et de principes. Sachez comment imprégner votre subconscient de vos convictions qui, si elles sont fermes et inébranlables, se réaliseront.

Les vraies et seules causes de l'insuccès sont la peur, l'incertitude, les croyances superstitieuses, les complexes d'infériorité, la jalousie, la haine, la condamnation de soi, l'hostilité. Les pensées négatives suscitent l'apparition d'émotions et de sentiments négatifs donnant alors naissance à toutes sortes de troubles, maladies, échecs et limitations.

Vous forgez vous-même votre propre destin ; rien n'est prédestiné car tout naît dans votre subconscient et votre attitude mentale est souveraine : c'est elle qui détermine votre expérience et conditionne votre devenir. Il s'agit donc de tirer de vos profondeurs subjectives l'inspiration, l'illumination, l'intuition, la force et la sagesse. Changez le cours de vos pensées et toute votre vie en sera transformée dans le même sens.

En apprenant les lois de l'esprit et comment utiliser les forces qui sommeillent en vous — ainsi que ce guide pratique vous l'enseigne — **vous ne serez plus une victime mais un vainqueur.** Les sages disaient : « *L'homme devient ce qu'il imagine et sent.* »

Du même auteur, dans la même collection :

RENAÎTRE

Vers l'épanouissement, l'équilibre et le bonheur

Format 11 × 17,5 ; 200 pages.

En méditant cet ouvrage, mais surtout en appliquant les techniques simples qu'il conseille, vous découvrirez en vous-même une PUISSANCE qui vous fera sortir d'un lit de malade, qui fera de vous un être en pleine santé, radieux et parfait. Vous y trouverez la clé du BONHEUR et la PAIX DE L'ESPRIT.

La plus grande prison qui soit au monde est la **prison de l'esprit.** Prenez dès maintenant la décision d'être libre et de modeler votre vie selon le prototype divin.

A chaque page vous apprendrez comment vous servir de cette puissance magique et curative qui pansera les plaies des cœurs meurtris, qui proclamera la liberté du captif et l'ouverture des portes de la prison de ceux qui sont enchaînés par la peur, les échecs, la misère et la douleur. Décidez dès maintenant de résoudre votre problème ; décidez d'être prospère ; décidez d'aplanir toutes les difficultés !

Pour cela, lisez ce livre qui transformera votre vie.

Du même auteur, dans la même collection :

LES MIRACLES DE VOTRE ESPRIT

Format 11 × 17,5 ; 112 pages.

Cet enseignement, basé sur l'Évangile, est essentiellement moderne et pratique puisqu'il démontre sans cesse la puissance de notre Être réel, le Christ pour les croyants, le subconscient pour les psychologues.

Les livres du Dr Murphy sont d'une parfaite exactitude scientifique, mais l'auteur use volontairement d'un style dépouillé, d'une langue simple, afin d'être accessible à tous. Ses livres se lisent donc, non seulement sans fatigue, mais avec un plaisir qui va croissant parce qu'il met le lecteur à même de prendre immédiatement conscience des possibilités infinies qui sont en lui.

Aucun problème, aucune situation, si désespérée soit-elle en apparence, ne résistent à l'étude approfondie et à la mise en pratique des lois cosmiques dont le Dr Murphy s'est rendu maître.

Du même auteur, dans la même collection :

LA PRIÈRE GUÉRIT

Format 11 × 17,5 ; 216 pages.

A mesure que vous mettrez en application les techniques simples indiquées dans ce livre, vous découvrirez en vous-même une PUISSANCE qui peut vous tirer d'un état de prostration, de maladie, de solitude, de discorde ou de pauvreté, et qui peut vous mener sur le chemin de la liberté, du bonheur et de la radieuse santé.

Cet ouvrage vous montrera comment vous emparer de cette merveilleuse puissance, magique, curative, transformatrice, qui guérira toutes vos blessures mentales et physiques, proclamera la libération de l'esprit accablé de crainte, et vous libérera complètement des limitations de la pauvreté, des échecs, de la misère et du désarroi.

Il faut seulement que vous vous unissiez **mentalement** et **émotionnellement** à cette PUISSANCE CRÉATRICE, et que vous laissiez s'accomplir les merveilles qui ont lieu lorsque vous priez.

Ce livre a été écrit dans le seul but de vous aider ; servez-vous en !